JN438558

# 바람과 구름이 머문 순간

박재근의 시와 수필 제2집

도서출판 채운재

# 自書

## 어느 못난 놈의 흔적

너무도 가난했을 때 나는 번번이 탈출을 기도하고 실제로 행동하였다. 그럴 때마다 아내는 두 아이를 동여매고 이웃집 한 됫박 쌀을 구걸하여 연명했다. 내가 막노동에서 벗어나기까지. 모진 게 목숨이 아니다. 아내가 3년간 투병하다 어린 두 아이와 버러지 같은 나를 두고 떠났다. 얼마나 원통했으며 그 먼 길 가는 동안 또 얼마나 뒤돌아보았을까.

내가 시인이 된 것이 아내 때문이다. 참회의 글을 쓰고 싶었다. 아내를 위한 글, 단 한 줄이라도 쓰인다면 용서받을 수 있지 않을까 해서다. 시를 왜 쓰는가? 나에겐 거창함도 없었다. 철학이니 문학이니 문인의 길이 어떠니 하는 것이 토론될 때마다 나는 하늘을 올려다보고 구천을 맴돌고 있지나 않을까 아내를 생각하곤 했다. 그래서 나를 보고 알듯 모를 듯한 뜬구름 같은 사람이라고 들어 내어놓고 비아냥거리기도 했다.

진정한 고해성사는 비밀이 담보되어야 한다. 그러나 이미 자신을 떠난 것은 비밀이 아니다. 그러나 나에겐 누구에게도 하지 못할 나만의 비밀이 존재했었다. 그것은 死者와의 관계에서 유지되었다. 8남매의 장남이고 7남매의 맏사위였다. 내가 해야 할 것에서 언제나 도피했다. 왜 그러했는지 그 사연들을 아직도 모른다. 하는 위선이 얼마나 나를 고통 속에 있게 했고 그래서 넋 나간 사람처럼 그 어떤 것도 당당히 직시하지 않았다. 아내가 살아있다면 어떤 죽음이 앞에 있더라도 용서를 받아야 할 것들이다.

"바람과 구름이 머문 흔적" 제1집 시집에서 참회 모두를 쓰려 했다. 접시꽃 당신의 도종환을 만나고 싶었다. 그러나 그도 끝내 참회가 영욕으로 바뀐 것을 알고 잊어버렸다.

다시 "바람과 구름이 머문 순간" 제 2시집을 탈고하면서 모두 아내를 위해, 그리고 용서를 구하는 글로만 채워 보려 했다. 그리고 보낼 수만 있다면 하늘로 보내려고 했다. 한두 편뿐인 것 같다.

연애 시절에 내 서재에 가득한 문학 서적을 보고 얄궂은 운명의 길을 들어선 문학소녀, 아내의 실수는 나로 인했기에 글을 쓸 때마다 괴로웠다. 아무리 참회하고 용서를 구한들 받아줄 리 없다는 것도 안다. 49제도 지내고 몇 번의 굿도 했다 절에 호신불도 밝혀두었다. 결국, 나는 아니, 내가 아니라도 누구이던 지은 죄는 받아야 한다고 생각한다.

박 재 근 삼가

# 추천의 말

## 박재근 시인 그는 누구인가?

전국 각지에서 우후죽순처럼 탄생하는 종합문예지와 거기에서 배출하는 시인 작가들로 넘쳐나는 시대가 되었다.

얼마나 좋은 일인가?

시인이 많고 작가가 많다는 말은 그만큼 우리글을 아끼고 사랑한다는 말이고 그만큼 감정이 풍부하여 아름다운 사회를 이루고 있다는 현실의 입증이기 때문이다.

우려되는 일은 그 많은 시인 작가들이 등단이라는 관문을 통과한 뒤에 나태해지고 등단이라는 명예를 업고 게을러지고 있으며 미숙하고 부족한 부분을 채우려는 노력 대신 자존심 하나 앞세우고 자기 것이 최고라는 자만에 빠져 있다는 것이다.

이런 시인 사회에서 내가 만난 박재근 시인은 내 우려를 말끔히 씻어주는 청량제 같은 시인이다.

열정 어린 시 작업은 물론, 자기 시에 혹평을 가해도 자기 역량 부족으로 받아들이는 아량과 이를 밑거름으로 자기발전을 꾀하는 한편 더 좋은 글을 쓰기 위해 많은 글을 접하고 있으며 사회 경험을 접

목하여 오랜 산고를 겪으면서 주옥같은 작품을 출산해내고 있는 훌륭한 시인이다.

특히 自書에서 밝힌 바처럼 '50년대부터 오늘에 이르기까지 암울했던 한 시대를 살다간 어느 못난 놈의 흔적' 일지 모르나 시 전편에 녹아 있는 고향에 대한 애착과 먼저 보낸 사랑하는 사람에 대한 순애보가 읽는 이로 하여금 가슴 뭉클하게 하고 있다. 또한, 예리한 통찰력으로 사회의 비리를 힐책하여 울분을 토하는 진정한 의리의 시인이기도 하다.

이런 박재근 시인께서 지금까지 진솔한 마음과 따뜻한 가슴으로 우려낸 귀중한 작품을 모아 2012년 "바람과 구름이 머문 흔적" 1집에 이어 오늘 다시 2집 "바람과 구름이 마문 순간"을 발간하게 됨을 진심으로 축하드리며 이 훌륭한 시편들이 명작으로 떠올라 독자들로 하여금 호평을 받기를 기원한다.

2013년 3월 시인 이길옥

# 차례



## 제1부 | 바람의 흔적

## 제2부 | 구름이 머문 곳

## 제3부 | 삶의 흔적

## 제 4 부 | 박 삿갓

제1부

# 바람의 흔적

# 내 고향 동천

창대 같은 비가 내리꽂혀
칠흑 어둠을 적시는 밤에
애타는 사랑
그 소녀의 이름을 부르다 쓰러진
그 밤이
아직 있을지 몰라

푸르다 못해 하얗게 색이 바랜 달빛
밤벌레 울음마저 잠든
적막의 새벽까지
그 소녀 가슴에 품고 서성인
그 황홀했던 새벽이
아직 있을지 몰라

세월이 나를 끌어 안고
황혼이 된 지금까지
잊힌 줄 알았는데
굽이굽이 모진 연으로 남아
시도 때도 없이 생각날 줄
상상이나 했으랴

덧없음 같아도
내 생에 소중했던 추억의 그 아이
지금도 흐르고 있을
동천의 물빛처럼
곱게, 곱게 물들어 가고 있겠지

# 그곳은

하루 이틀 내내 눈꽃 쌓여
스님도 잠이 들었다

마당 위로 해우소 길 하나
山 아래 마을로 귀 보내놓고
부처도 풍경도
인연 끄트머리마저 놓았다

하늘 자락 내리덮고
그렇게 모두 잠이 들었다

인적의 인연을 찾아
짐승의 발자국이 다녀간
극락전 보림사
봄이 오면 다시 가게 되려나

# 마음이

山의 무덤 중
그 하나 위에도
함박눈이 내리고 있겠지
가끔은 잊혀진 기억처럼
하얗게
이승과의 단절에
꽃으로 내린들 반가울까

山의 무덤 중
그 하나
얼마나 춥고 외로울까
언제까지 이렇게
창밖, 머-ㄴ 그리움에
무슨 말이 하고 싶고
어떤 말이 듣고 싶을까

# 당신. 1

유리창 모서리에
밝은 달하나 머물러 있다
비켜서면 없어지지만
눈 감으면 그 자리
당신이다

저 달 서산에 묻히면
모두가 적막해지고
온밤 깊숙이 휘저은 내 마음
그렇다고 사리질
당신이 아닌 것을

아직도
애써 돌아온 그 구비 길
그 어딘가에서
불쑥 나타나면 좋으련만

# 당신. 2

눈 안에
둥근 달이 든다
당신이다

휘휘 휘저어
몰아내도
손사래 처도
눈 안에

당신의 혼이다
생전의 당신이다

# 사랑했던 사람아

저 분열된
봄비의 알갱이 속에
전생의 우리 있었을지도 몰라

풀 잎사귀 위로 구르고
흘러, 흘러 가다가
잠시 굽이친 흔적이 우리였을지도 몰라

어쩌면
이 세상에 태어난 것이
시공의 어느 끝에서 머물다
잠깐 왔다가 가는 길목이었는지도 몰라

당신이나 나나
한번 인연이 된 것도
끝내는붉은 단풍이 지듯
그렇게 허무했던 것인지 몰라

# 강물은

아무 말 하지 않고
아무 일 아니듯 흘러
출렁출렁 웃음 지어도
그 안에
멀고 먼 긴 울음

함께 흘러도 타인 같은
필연의 동행
내가 잠시 모래톱이 되면
그대 잠시 머무를 까

때로는 굽이친 서러움
함께 풀어내야지
그리고 이별해야지

# 눈물의 편지

눈물로 쓴 편지는
소중히 살아온 당신의 아름다움이며
눈물에 얼룩진 편지는
아름답게 살다간 당신의 흔적이다
그러나
끝내 눈물에도 지워지지 않는 편지는
이 밤 어딘가 정처 없이 떠도는
당신 찾아 나서는
뜨거운 내 가슴이려니

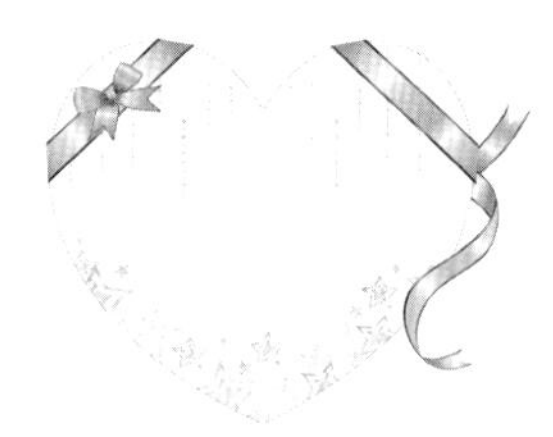

# 철들다

산비둘기가 마지막 울었다
그날 당신은 산비둘기가 아니라고 했다
아직도 나는 당신의 말을 알듯 모를 듯하다.
이따금 노루가 우는 소리도 들렸다
이른 새벽 부엌으로 나간 당신이 중얼거렸다
왜 저리 슬피 우느냐고, 그게 그리 슬픈 것이었을까
그렇게 그해 가을이 가듯 당신은
그저 묵묵히 그들을 따라갔다
간 후로 그 울음들을 오랫동안 들은 적 없었는데
언제부터인가 그 울음들을 내가 듣기 시작했다

# 바람의 울음

삭막한 동면의 대지 위로 한바탕 찬비가 지나가고
칼바람 따라나서더니
두런거리는 속삭임 들이 천근의 바윗덩이를 들어 올리고
주검처럼 버려진 나뭇가지에 꽃눈이 터지고
세상이 연둣빛으로 흐른다

내 살아온 날들 중에, 저토록 울어
누군가를 불러내어
꽃눈이 되게 하고, 잎이 나게 하여
새들의 소리를 듣게 한 적 있었던가

늘 비에 젖고 바람에 밀려 그리움조차 잊고 산 나에게도
이제야 저 바람의 의미를 알고
한 번쯤 바람으로 울어볼 수 있을지
나의 피가 베인 울음
당신을 위한 바람이 되고 싶다

# 인연의 굴레

가을밤 풀 섶
벌레 울음
사랑한단 말 천 번이면
뚝 그칠까

다가가면 지워질까
오도 가도 못하고
이슬 젖은 달빛 자락에
주저앉은 나그네여

뉘 찾아 나선길인지
아는 듯 모르듯 가거라
저 울음들도
어찌 보면 인연 아니던가

# 山 바람

달그락 달그락
창밖에 소리
바람이겠지

나 왔어요
대문 쪽에 소리
바람이 지나가겠지

아침
배게밑이 흔건이
그리워할 만큼
젖어 있었다

山에 있는데
몇 해가 흘러
무심하다고
당신이 다녀간 거지요

# 비 오는 날

온종일
미친 빗줄기
보고 싶은데
하늘과 땅이 물길이라
어디로 흐르면
당신 만나지나

삶의 짐들
흘려보내고
나 또한 당신으로
흐르면 좋은데
구만리 길

비 그치면
그리움도 멎을까
흔빽 젖어있을 당신
어쩌지요

# 가고 오는 해

이게 세월의 緣이지요
한 해를 보내는 마지막 밤
왜 자꾸 당신 생각뿐인가요

이 밤이 지나면
새 아침이 온다는데
사람들은 동해로 간다는데

난 어디에서
당신을 기다릴까요

2012년---!
두어 시간 후면 2013년---!
예전 그대로
내 마음 변함없어요

당신도 그렇지요

# 속죄

가난이 늘 비켜서지 않아
눈물 마를 날 없었지
모질게도 견디며 살았는데

오늘따라 뻐꾹새 울음이
너무도 애절하여
불현듯 보고 싶은 당신이오

미안하오
운명의 끈에
두 몸 동여매지 못하고
나만 주저앉았으니

이승과 전생의 길이
하룻밤 길도 아니라오
이젠 나도
당신 가까이에 있어요
당신 몫 다 거두어 가리다

# 당신에게

'바람과 구름이 머문 흔적' 시집 한 권에
내 모두를 담아 세상에 던져놓고
어제 출판기념행사를 했다
당신과 가까웠던 친구 부인도 왔더라
당신 가고 난 뒤 한두 번 만났던가
많이 늙어 있었는데
그런데 내 앞에선 당신은 젊고 예쁘더라

아름다운 선율을 타고
감나무 집 아들의 시가 낭송될 때
왜 그리 울고 싶던지
사람들이 없었으면 주저앉았을지도
당신과 함께했으면 하는 간절함이
봇물처럼 가슴에 넘쳐나고
좋은 날에 감당 못할 슬픔도 있다는 걸

다들 떠나고
현수막이 걷히고 화환이 들려나가고
그때야 나는 쓰러졌다
눈을 떠보니 아침
어젯밤 분명 당신 가슴에 있었는데
꿈이던가
나는 다시 쓰러져 당신을 부르고

당신아,
나 분명 당신이 좋아했던
감나무 집
그 푸른 감나무 집 아들이었지

# 기억 저편

백병원 8층 8인실 병동 818
아침 햇살이 자유였다
링거병도 사라졌다

3년간의 투병
하얀 시트에 백지장처럼 눌어붙은
내 사랑 찢어질까
조심스레 뜯어내어 눈물로 품었다

'여보 집으로 가도 된대'
살붙이 하나 없는 빈 볼
푸르고 투명한 눈물
절망은 침묵이었다

며칠 후
오래전 다녀간 아이들이
다시 달려왔을 때 나는
내 사랑 끌어안고 쓰러졌다,
희미하여--,
30여 년도 전 일---.

여러분,
기억 저편 그날 같은
어느 남자의 눈물과 허무가
상상될까요

하얀 백지 위에
모든 게 자유라는
핏빛 절규

# 回想

혼기 놓친 앞집 복이가
도회지로 시집가던 날
상머슴 늙은 총각은 산으로 가고
당신은 칭얼대는 아이 업고
사래긴 보리밭 두렁을 걸었다

봄 여름 가을 겨울 해가 흘러
복이가 불쑥 돌아오던 날
하필이면 눈발이 하늘을 가려
두 아이의 엄마가 된 당신도
아득하다 했었지

그 복이가 한여름
뒷골 저수지에서 건져 올려지고
원혼풀이 굿판이 마을 어귀를 돌아나갈 때
허름한 중년의 당신은
서낭당에 나풀거리는 깃발을 보고
두렵다 했었지

그리고 당신의 그 옹골참이
50도 못 채우고 가고
두 아이 데리고 나도 떠났지
흘러가는 데로 살아온 한평생
그곳 그 산 서낭당이 아직 있을까

당신이 머문 절寺
가파르게 올라 아래를 보니
타박타박  솔밭 사이 황톳길로
하얗게 웃으며 당신이 오고 있다

# 우리 이대로 흘러도

아침부터 가을비가 내리니
작은 몸뚱이 하나 서둘러
그대
저 빗속으로 올지도 모른다는 생각에
우산들고 서 있습니다

먼 산 흐려 아득하고
발아래 떨어진 단풍잎들 젖어
돌아눕지 못하는 것처럼
쓸쓸히 그대 오기 전
나 돌아서지 못합니다

그립고 보고 싶다는 심중
끝내 골 깊은 상처가 되어
감당 못할 것이라도
저 세상의 인연이 아니면
꼭 온다는 확신 때문입니다

# 새벽닭 울기 전에

당신
아직 천도에 들지 못하고
구천의 허공을 떠돌다니
그랬구나
문득문득 마음의 짐

오늘 밤
법사의 극락왕생 빌면
한 거두고
뒤 보지 말고
훨훨 가거라

당신 보지 못했지
예쁜 며늘아기
등 토닥여주고
예쁘게 살아라 한 마디

밤길 나 어디쯤
불 훤히 밝혀 놓을게
새벽닭 울기 전에
잘 가거라 부디

# 별난 참회의 유서(遺書)

몇 년 전 일이다

서울에 있는 죽마고우 하나가 자신의 자서전 하나를 써 달라는 부탁을 해 온 적이 있다.

오래전 그가 고향의 가난을 벗어 던지고 서울로 갔고, 어떻게 살았는지 그 많은 재산을 어떻게 모았는지는 알 수 없지만, 이제 먹고살 만하니까 자신이 걸어온 인생을 되돌아보았던 것이고 그래서 자신이 걸어온 모두를 기록으로 남기고 싶었던 모양이다. 그러나 이미 청춘은 그날에 다 소진되었고, 사랑도 친구도 멀리 가버린 허무함이 뒤 따라와 버린 필연 앞에 무엇을 누굴 위해 자서전을 쓰고 싶어했을까

누구나 성공의 뒤안길에는 좌절과 고통, 자신만이 감당해야 하는 고독과의 싸움이 있기 마련이라, 그 난관에서 벗어나, 먹고 사는 데 지장이 없다고 판단되면, 그제야 살아온 모두를 한 번쯤 되돌아보게 되는 것이고, 그 길 다시 가라면 갈 수도 없는 한 편의

드라마나 소설 같은 것이었다는 생각도 하게 되고, 나 아니면 그 누구도 넘지 못했을 난공불락의 요새를 정복한 개선장군의 무용담처럼 누구에겐가 자랑스럽게 들려주고 싶어지는 것도 사실이다.

또한 자신의 삶을 돌아보면 자신의 것만은 그 누구의 것과 비교가 되지 않는다고 생각하며 그래서 대게는 자서전 하나쯤은 생각해 보는 것도 사실이다. 그러나 모두는 마음뿐 이내 포기하게 되는데, 그 이유는 부와 명예를 가진 자의 소유물로 생각하거나 대필을 했을 때 발설치 못할 두려운 치부가 어느 부분에 있기 때문이 아닐까 한다. 그래서. 끝내  간절했을 뿐, 어느 날 훌쩍 떠나버리게 되는 것이고 흔적 하나 없이 지워져 버리는 것이 우리네 인생사라 해도 틀린 말은 아닐 것이다.

내 주위의 지인들을 보면. 정년퇴직이나, 하던 사업을 자식에게 물려주고, 어디 마땅히 갈 곳이 없어 배우지 못했던 것, 하고 싶었던 일들을 찾아 지자체 복지관 경로회에 가입하고 외국어를 배우기 시작하고 서예를 한다거나 트럼뱃 학원에 간다거나 잃어버린 건강을 위해 산악회에 가입하여 등산을 한다거나 노후를 즐길 수 있는 일거리를 찾게 되는데. 하지만 이미 건강도 두뇌도 욕심만 앞서 있을 뿐 호락호락지 않다고 하는 얘기를 종종 듣는다.

그리고 어느 날 날아든 동회나 면사무소에서 배달된 건강검진 무료쪽지를 받아들고 두려운 마음으로 가보면 어디 어디에 이상이 있으니 담배 피우면 안 된다. 과음도 안 된다 또는 종양이 있다 뇌졸중의 증세가 있다. 병원에 가서 정밀 검사가 필요하다는 등. 디 하나 온전한 곳이 없음을 알고는 살아온 세월을 원망하게 되는데. 병원에 한두 번 가다 보면 결국 병원에서 죽게 되고. 더 운이 나쁘면 현대판 고려 장터 요양원에서 자신이 사람이었는가도 잊은 채 생을 마감하는 것이 다반사고 현실이다.

**죽마고우의 청을 그러한 맥락에서 보면**

自書傳이란 뚜렷한 정체성이 있는 참회록이나, 회고록, 유서, 일기의 묶음을 총망라하여 쓰이는, 한 사람의 일대기를 여과 없이 복사하는 것이며 친구나 지인 자식들에게 남겨 주어 자신이 살아온 부분에서 득과 실 성공의 비법을 알라고자 하는데 그 목적이 있는 것이라고 보면, 어찌 내가 고우의 평생 限을, 그가 되어 그의 마음으로 그 엄청난 무훈담을 써서 후인들에게 넘겨 줄 수 있으며 그의 인생이 아직도 지속하고 있는 시점에서 어떤 대미를 장식할 것인가, 생각하여 아무런 의미가 없다고 판단하고 농담으로 흘려

버린 기억이 뚜렷하다.

**다시 그 고우의 얘기를 잠깐 더 해 보면.**

그도 나처럼 먹고살아야 한다는 것에 미쳐 있었을 것이고, 그래서 아내의 병이 그 지경이 되도록 몰랐을 것이고 돈독이 올라 돈 붇는 재미에 홀려 그 흔한 검진 한 번 받으라 하지 않았을지 모른다. 보수적인 삶을 살아온 당시의 우리 나이 또래의 남편들이 대게는 그러했고 나라고 예외는 아니었다. 여러 해 전 그 아내의 부음을 전해 받고 빈소를 찾은 것이 엊그제 같은데, 작년 여름. 억대의 고급 승용차 한 대를 내렸고 마음에 드는 여자도 하나 생겼다고 전화를 주었다. 우리네 같은 서민층이 꿈이라도 꾸어보는 변두리 아파트값이지만 그의 행복일 것인데 이미 그나 나나 그 행복이 무슨 소용이 있을까? 일찍 가버린 조강지처의 빈자리에 황진이 같은 여인이 온들, 이미 비익조가 된 신세. 그래, 그래 행복하여라 진심으로 축하해 주고 전화를 끊었다.

그런 얼마 후 나는 지나온 세월을 거슬러 올라 그 고우를 비롯한 6명의 고우에게 보내는 유서를 쓰기로 하고 몇 밤을 밝히면서 쓰기 시작했는데 그것이 바로 별난 참회의 유서라는 뚱딴지같은 제하인 것이다.

나에겐 그 죽마고우를 비롯하여 6명의 불알친구가 있다. 서울에서 대기업중역 자리를 내 던지고 오래전 낙향한 친구 하나를 제외한 모두가 고향을 떠나 타향에서 뿌리를 내리고 있고, 그 뿌리의 흔적을 따라가 보니, 행운아가 있는가 하면 풍운아도 있고, 영욕의 세월을 보내다 어느 날 갑자기 쓰러져 반신불수가 되어 지금에는 식마저 두절된 비운아도 있다.

우리들의 고향 동천강 모래사장을 뛰고 달리던 유년의 추억들이 그들 가슴에 아직도 남아있을지는 알 수 없지만 뒤 한번 돌아보지 않았음이 분명할 그들의 한 생이 나처럼 얼마나 외로운 행로였을까? 아니면 가끔 혼자 찾아들어 옛 흔적 하나 없는 낯설기만 한 거리를 배회하다 뒷골목 허름한 식당에서 혹 아는 이 들어올까 힐끔힐끔 쳐다보다 돌아갔을까, 별, 생각을 하면서 6통의 유서가 탈고되었다. 뚱딴지같은 짓이라고 한 것이 나의 유서가 아니라. 그를 포함한 고우 6명에게 보내어지는 그들 자신이 써서 지니고 다녀야 할, 그들의 유서를 내가 대신 대필하였다는 것이고 마지막에 꼭 지니고 다니라고 쓰고 각자 앞으로 발송했다.

유서는 그 내용이, 참회와 회고의 형식으로 쓰여지기도 하고, 자신의 재산을 정리 분배하는데 그 목적과 먼저 가는 자가 남는 자에게 남기는 마지막 말의 문서다. 그리고 이것은 그 어느 것보다 진솔하게 쓰여지게 된다. 내가 그들에게 보낸 유서들은 그런 맥락에서 그들을 유추할 수 있는 모든 것을 끌어모았고 그동안 보낸 내 육필의 편지들을 받고 그 글제와 사연에 따라 감사 감동의 인사를 전했던 심경과 어쩌다 길흉사 자리에서 취중으로 풀어놓던 진담, 모임 뒤풀이 노래방에서 그들이 뱉어내던 유행가 가사에서 유추된 실상, 가끔 전화하여 안부를 주고받던 중에 느낀 근황들을 표본오차도 없다는 100%의 신뢰를 가장한 나만의 고집으로 쓰였다고 자신한다.

**유서에는 여러 유형이 있다.**

하나뿐인 딸내미에게 남기는 눈물겨운 아비의 당부 유서가 쓰여지고 평생을 선거에 가슴 졸였을 그래서 심장병을 얻은 아내에게 보내는 미안함과 감사의 유서. 위 고우에게는 하늘의 아내에게 보내는 용서와 참회 무정했던 사연, 또 한 고우에게는 아직도 돈 벌레로 친구들과 외면하고 살다가 죽음 직전에 회개하고 재산 분배에 대한 허무 유서, 평생을 술과 친구만 생각하다 자신의 장례비를 염려하여 동회에 신고하고 화장하여 산에 뿌려라, 는 회한의 유서 등으로 쓰여졌는데 내가 써놓고 보아도 가관이고, 웃을 일도 아닌데 피식 웃음이 나왔다.

아직은 유서 따위 같은 것은 생각지도 않는다고 떵떵거릴 그들일지 모른다. 오라는데 없고 갈 곳도 없으면서 한 십 년은 더 살고도 남을 것이란 착각을 하고 있는지 모를 일이다. 자식 놈들 추석 명절에나 잠시 들렀다가, 무엇이 그리 바쁜지 서둘러 떠나고, 그래도 낙동강 오리알 신세가 아니라고 버럭버럭 우길지도 모른다. 생각해 보면 발송된 6통의 유서는 내가 그들에게 보낸 나의 마지막 흔적일지 모른다는 서글픈 심정이지만 이 차에 나도 뒤돌아보는 계기처럼 그들도 나와 같은 마음이길 바란다.

그리운 친구들이 문득 보고 싶어진다. 때로는 찢어진 무명 바지 사이로 노을보다 더 붉은 엉덩이 살을 내보이던 해맑은 그 깨복장이 친구들이......,

제2부

# 구름이 머문 곳

# 숨겨진 그리움

다시 오지 못할 줄 알면서
웃으며 잘 가라 했는데
돌아서니 기적 소리는
달빛마저 흔들어 놓더구나

세월이 흘러 잊고 살았고
어디에서도 만나지 못한다 했는데
왜 여기서 너를 보느냐
세라복에 가르마 논길을 달려오던
가락 머리 소녀야

언제라도
내가 꽃이 되어 보게 되면
너도 꽃이 될 줄 알았고
눈물 속에 너를 만나면
눈물로 안겨들 줄 알았는데

아저씨예, 이거 뜨리미라예
이천 원만 주이소
저주의 검은 비닐봉지에
황혼의 너를 눈물로 담아
말없이 돌아서 버린
아, 그날도 난 바보짓만 했구나

# 밤 배 떠나고

나를 두고 밤 배 떠나니
가로등도 잠이 든 선창에
어둠에 돋아난
별들이 내려와
고독한 등대를 감싸 안는다

어디쯤 가고 있을까
또 다른 곳의 등대를 지나
달빛 따라가기도 하고
별자리 더듬으며 흐르고 있을까

이젠 미련도 없다
서둘러 돌아서는 길에
쏴–아 파도소리
모든 것 지우고 있다

# 사랑이 말하다

우리 어디쯤 가면 만나게 되는지
인연이 아니어서 정 반대의 곳에 있더라도
꼭 만나야 한다는 간절함이라면
그리 먼 데 있지 않다고 사랑이 말한다

벼랑이 길을 끊고 가시넝쿨이 막아
더 갈 수 없다고 했을 때라도
되돌아서지 않는다면
사랑은 소리친다, 그대 아름답다고

사랑에 굶주려 있다고 울지마라
오늘이라는 우리라는 굴레는
가장 낮은 자리에서 가장 온전한 햇살로 사는
들꽃 같아도 우리 하나하나가 사랑이 아니겠는가

# 짝. 10

달빛어린 가을밤 하늘이
저리도 고운 짝일 줄

혼자 머문 구름 한 점도
하늘의 짝

세상이치
제짝 아닌 것이 없다는데

괜찮아, 괜찮아
다 짝이 있으란 법도 없지

# 눈 내리면

가다가 돌아오는 길
찾을 만큼의 곳에서
돌아오면 되는 하얀 여행
당신과 가고 싶다

날 저물면
산정에 들어 별을 보고
펄펄 함박눈이 내려도
내일 아침 길 막히면
어쩌나 걱정도 않는
당신이면 좋겠다

산 깊이 들어온 햇살에
밤 내내 내린 눈길 트여
서로의 길로 가야 하는
아침을 맞아도
슬퍼하지 않고 언제라도
다시 만날 수 있다는 약속

하얀 눈 내리면
당신과 가고 싶다

# 인연

가는 길 함께 가다
끝내 치유 못 할 아픔에 갇혀
더 갈 수 없었는지 몰라

깊은 심해 여에 부딪혀
오기로 치솟아 오르다가
끝내 포말로 부서지는
상처투성이였는지 도 몰라

어디로 휘젓다 왔는지
흠뻑 젖어도
다시오면
그 사연 묻지 않겠는데

# 단풍

얼마나 사무친
그리움이기에
고작 시월의 햇살에
그렇게 붉게 타고

얼마나 애절한
이별 예감인지
만산에 불 질러놓고
저렇게 우는가

벌겋게 떨어져
바람에 구를 저 허무

# 소망. 1

외롭고 쓸쓸할 때
따뜻한 미소로 맞아주던
이제 내가 누군가를 위해
사랑한다고, 사랑한다고

지친 걸음 비틀거릴 때
힘내라고 마중해 주던
이제 내가 그 길에서
누군가를, 누군가를 기다리리라

그대여
우리 이제 그만 아파하고
언제라도 함께하는
동행이 되자

# 숟가락 하나

봄이 오고 있었어요
조금만 더 계셨으면
꽃구경도 하셨을 터인데
그렇게 가고 말았어요

당신보다 더 늙어 보였을까요
언제나
내가 먼저 죽어야 하는데-- 하셨지요.
그리고 내가 죽으면 네 아버지 오는 날
숟가락 하나 놓으면 된다고 하셨지요

그 말대로 당신은 소원성취하셨습니다
오늘 아버지 오시는 날입니다
숟가락 하나 더 놓았습니다
나 먼저 가셨고요

어머니 감사합니다

임진년 칠월

# 정 다방

커피가 식어가도
창밖 풍경을 곁에 두고
서로 마주했던

우리 무언가
많이도 떠들어 댔는데
지금 기억에 없는

오직
서로의 눈빛으로 주고받던
심중의 말들
이 또한 알듯 모를 듯

그러나 너희는
다 안다고 다 안다고
등 토닥이던 정 다방

# 살다 보니

불현듯
아늑한 찻집에서 차 한 잔 마시며
밤 깊어도 세상 얘기 나누고 싶은
그런 사람

봄날이면 좋을 것이고
가을비 오는 날도
펑펑 눈 내리는 겨울이면 더욱 좋을
그런 날

인연 되면 함께 하다가
때 되어 헤어져도
처음처럼 웃으며 떠날 수 있는
운명 같은 그런 연

그런 날
그 사람 만나고 싶다

# 외출

아내가 말없이 웃는다
어느 세월만이라도
저렇게 웃을 수 있음이
남아 있었구나

모처럼의 외출이다
뒤축이 삐딱한 신발이
현관 벽에 기대어 있다
그게 그거인데
어느 신발을 신고 갔을까

지지리도 못난 사내를
벗어나는 그 사람보다
아내 몸속에서 버려져도
신바람은 내가 낸다

꾸물꾸물 어둠이
마당에 들어서고
멈추지 못하는 시곗바늘
세월도 그렇게 흐르고

그러나
아내의 동창회장의 시계는
멈춰 있을 것이다
오래전 그 세월 속에서

나도 외출이다
모처럼 마중 길이 행복하다
가을비는 내리고

# 祝詩

그대 아름다워라

生命의 씨앗에서 해맑음으로 자라
오늘 칠순의 꽃이 되신 당신
감사의 촛불 하나 밝힙니다

세상의 언어 가운데
가장 부르고 싶었던 이름 친구
엊그제 같은 유년의 잔영이
오늘 문득 가슴에 흐릅니다

만나지 않아도 어떻게 사는지
아프지는 않은지 행복한지
소식 몰라 애타던 마음도
우린 언제나 함께였습니다

이제
자식 걱정 못다 이룬 그리움도 다 내려놓고
함께 해온 함께 가는 길
오늘 같은
당신의 아름다운 길 소망합니다

사랑합니다

天地間에 하나로 이어진 인연
효심의 아이들이 사랑으로 마련한
칠순의 이 잔치에
웃음으로 앉은 두 분
지나온 동고동락을 추억으로 보듬고
남은 삶에 사랑으로 머물러 있기를
간절히 소원합니다.

2011년 4월 16일 벗 情人

# 타인

바람에 밀려난 쓰레기처럼
그는 지금 어디쯤 머물고
무슨 짓을 하고 있는지
행방이 묘연하여 찾고 있다

어느 날 간이역 출구를 빠져나가
기차를 탔는지 아직도 가고 있는지
부르면 돌아설는지 소리치고 있다

가도 그만 와도 그만이지만
그 어디쯤에서 한 번은 솟구쳐 올라
줄을 당겨 기적 소리 듣고 싶다

정든 곳도 있지 않았을까
무심하고 무정하다는 것이
그대인가

# 여정의 하룻밤. 1부

오랜만에 아내와 여행을 떠난다. 가는 길목이기도 하지만 벼루기만 했던 경주 아버님 어머님 산소에도 들릴 것이다.

듬성듬성 해 묵은 잡초가 발길 뜸했음을 말해 준다. 아내는 석촉에 백합 다발을 꽂고 나는 담배 한 개비를 피워놓고 술 한 잔 올린다. 언제나 와도 말 없는 무심함이고 산자의 마음을 알 리 없다. 당신의 가르침대로 부질없는 욕심 다 잊으려 잠시 길 떠남을 고할 뿐이다.

경주에서 포항 칠포 월포 화진포 장사, 즐비한 동해의 해수욕장 등을 지나니 손에 닿을 듯한 검푸른 바다가 5월의 푸른 하늘 아래 하염없이 넘실거린다.
절정의 피서 인파가 버리고 간 지난여름의 못난 허물들을 하얗게 씻으랴 몸 닳았을 백사장도, 빈터로 남아 밀려드는 파도에 발을 담그고 평온하다. 바다의 관대함에 이어진 조금은 쓸쓸함이다.

스크린의 풍경처럼 차창을 스치는 송림 사이로 떠날 준비를 하는 철새 짝이듯 차를 세우고 망망대해 수평선을 바라보고 있는 연인들이 이따금 이다. 일상을 벗어난 사람들에겐 여행 중 보이는 모든 것들이 새로운 것이고, 그보다 더한 새로움을 보기 위한 것이라 해도 틀림이 아닐 것이며 그래서 가는 길이 미지의 길이고 어딘가에 있을 이어도를 찾아 나선 바다의 어부처럼 어쩌면 행운이 저 만큼에 있을지도 모른다는 설렘을 갖고 가는지도 모른다.

6.25 때 학도병들이 때 죽음을 당한, 잊어서는 안될 비극의 강구항을 벗어나고, 대게의 원산지이자 동해 최고의 연어 산란지 오십천이 흐르는 영덕 땅에 들어서니 이미 한낮이다. 하룻밤 여정의 귀착지는 강릉을 반환점으로 정동진이라 정했기에 이대로 가면 곧장 인데 마음을 바꾸어 소백을 가르는 산길을 타고 영주로 가기로 했다.

영주 평은면 깊은 골에 부모님 영정을 모셔둔 보림사란 절이 있기 때문이고 사월 초파일이 내일모래라 석탄일 연등 시주도 할 생각이다. 그보다 사실은 아버님 어머님의 모습이 불현듯 보고 싶어서다.

급할 것도 없다. 집 떠나면 길손이고 길손이 가는 길이 여정이다. 대관령 준령의 구름을 넘고 물소리 새 소리 들을 마음 깊이 쓸어담아 안동을 경유 보림사에 도착하니 오후 5시, 산천의 풍류도 즐길 사이 없이 주마간산으로 달려와 기별 없이 들이닥친 우리를 맞는 스님의 합장이 반가운 포옹이다. 불전 한편에 두 분의 모습이 그대로이다.

"애야 너도 많이 늙었구나 ! "웃으시는 모습에 잠시 고개를 부처님 쪽으로 둔다.

"그래 오랜만에 여행이구나, 차 조심하고 잘 다녀가거라"

생전의 어머님 사랑이 그대로이시고 말 없는 아버님도 그대로이시다. 자주 찾아뵙겠다고 했지만 돌아서면 잊혀지는 불효를 용서하라 하직하고 산문을 나선다. 세속의 온갖 번뇌를 해탈 하고픈 중생의 간절한 소원의 다짐도 산사를 떠나면 또 그만인 것처럼 여정의 한 토막 길을 이렇게 가고 있다.

영주에서 곧장 중앙 고속 국도에 차를 올리고 검은 가림막이 덮인 인삼밭들이 산허리에 즐비한 인삼의 고장 풍기와 청명 고을의 단양과 심산을 병풍으로 가림막 한 제천 원주를 지나 만종분기점에서 영동 길로 들어선다. 근간에 한우로 유명 해진 횡성을 지나 이

효석의 "메밀꽃 필 무렵"의 서정 소설의 배경지 평창의 이정표가 눈길을 끈다. 달빛 아래 흐드러지게 핀 메밀 꽃밭을 지나는 장돌뱅이 허 생원과 동이와의 기막힌 인연이, 쫄랑거리는 나귀의 힘겨운 등짐이 당대, 그들의 아픔이었고, 마지막이자 처음이던 성씨처녀와 허 생원의 사랑은 아직도 넋으로 남아 지금도 그날의 메밀밭으로 있을 것이다. 꾸벅꾸벅 졸던 아내는 아는지 모르는지 메밀꽃 필 무렵의 내 얘기를 귀 담아들어 준다.

함평 휴게소에서 차를 세운다. 시장기를 채우고 커피 한 잔을 뽑아들고 다시 길을 재촉 한다. 진부령 고개에 해넘이가 시작된다. 산곡의 어둠은 성큼성큼 찾아든다. 산 잘린 영동의 구비 길이 오고 가는 수많은 차량의 불빛 밑에 드러누워 싸늘히 식어간다. 저만큼 산자락 마을들엔 성급히 깜빡거리는 불빛 하나 둘 어둠길 나그네 갈 길을 서둘러라 한다.

강릉의 톨게이트를 빠져나와 경포호 길로 헤드라이트의 불빛이 앞선다. 사방은 짙은 어둠이다. 이내 경포에 차는 멈춘다. 비록 밝은 달은 없지만, 경포호는 그래도 밤이 제격이다. 하늘의 달, 호수의 달, 바다의 달, 술잔의 달, 님의 눈동자에 달이 뜬다는 경포는 은은한 인공조명 불빛에 유유하다. 당대의 인걸들 흔적이야 있을까 마는 내가 이곳에서 시 한 편 읊으면 나도 후세에 나를 당대의 인걸이라 할 건가. 어렴풋하게나마 풍류의 세월 속으로 빠져드는데 다 부질없다.

천 리 길을 그야말로 주마간산 격으로 달려온 종착지 하루, 한때 중년의 심금을 울렸던 모래시계의 촬영지 정동진 정거장 마당에 내려서니, 이슥해진 밤도 피곤한 듯 두껍게 하늘을 덮고 있다.

이국의 이름 모를 어느 작은 정거장에 올 리 없지만, 행여나 또 하나의 막차를 기다리는 마음인 듯, 아내도 나도 말을 잊는다. 여정의 오늘 하룻밤도 그럴 것이란 생각이다.

# 하염없다

비는 하염없이 오고
먼 산도 하염없이 젖고
가 볼 데도 없어 하염없다

비 오는 날 불쑥
전화로 불 지핀 여인
그도 지금 하염없을까

옛 청춘
부질없는 상념에 으르렁 천둥
온몸이 찌릿찌릿

하염없는 저 비 멎고
햇살이 달려들면
비릿한 상념들
말갛게 헹구어 내려나

하염없을 그 사람도 나처럼

# 여정의 하룻밤. 2부

〈정동진 –지리적으로 보면 서울 광화문 앞 도로에 박힌 방향 기점 원석표 에서 우리나라 정 동쪽에 위치 한 곳이 정동진이다〉

광복 50주년을 기념하고 광주의 5월과 삼청교육대를 모태로, 암울하고 답답했던 80년대를 조명하여 시청률 45%라는 경이적인 기록을 세운 SBS 드라마 모래시계가 동해의 이름 없는 작은 정거장을 이렇게 일약 관광 명소로 만들 줄이야 누군들 알았겠는가. 그 시대를 산 모래시계의 사람들도 이제 중년을 넘어 황혼일 텐데, 깊이 박힌 그날의 상처들은 치유되었는지 정동진의 하늘만 알고 있을지. 잠시 스치는 생각에서 벗어나 서둘러 잠잘 곳을 찾는다.

정거장 마당에서 손을 뻗으면 잡힐 듯한 위치에 그림 같이 단장된 모텔 3층 방에 들어 창 하나를 열어 보면 정거장 지붕 너머로 온통 푸른 바다다, 밤바다의 울음이 그리움에 젖어 은은한 향수가 달그락 달그락 창을 흔든다.

밤이 깊었는데도 잠을 잊은 연인들이 쏘아 올리는 폭죽의 화려한 불꽃이 창으로 날아든다. 깊은 밤 푸른 밤, 여정의 하룻밤을 나는 이 모든 것들과 함께한다. 여독에 흐트러진 아내의 가느다란 몸뚱이 하나가 야릇한 객기의 나그네 마음을 달구는 것도 여정의 하룻밤이고. 좀체 잠이 들것 같지 않음도 길손의 하룻밤이다.

아내의 샤워소리에 눈을 떠 보니 여명이 방안에 가득하다. 눈에 익은 것이 하나도 없다.

서둘러 떠날 채비를 하는 아내의 등이 마냥 쓸쓸해 보였다. 정동진과 동해, 간이역 개찰구에서 플랫폼에서, 송림 사이로 돌아나가는 가지런한 철길의 침목 위에서 여명의 바다를 배경으로 사진을 찍고 모래시계 앞에서, 산 위에 올려놓은 거대한 초호화 여객선 호텔 썬플라호 뱃전에서----, 그렇게 아침을 맞으며 다시 올 수 없음을 등에 지고 발길 돌린다.

동해시와 삼척, 울진 영덕 포항 경주에서 반나절 길로 우리 집이다. 그러나 나는 다시 울진에서 소백의 산길을 따라 불영계곡과 불영사 왕피골을 보고 옛

영주와 한양을 잇는 만첩의 잿길 죽령을 넘으려 한다. 그 길들은 60년대 중반 세계 무전여행을 최초로 한 여행가 김찬삼 씨의 프로필이 대서특필 되던 해에, 나는 우리나라 전역을 걸인 행세를 하며 무전으로 돌아다닌 적이 있었는데 그 시절 분노와 눈물로 지나치던 낯설지 많은 않은 박삿갓 길이라 감동이다.

시작된 길 초입에서 40 여리라 하지만, 어디까지가 무릉도원의 불영인지, 가는 길 모두가 기기묘묘한 기암의 병풍이 짙은 녹색의 산허리 위로 불쑥불쑥 백옥으로 솟아있다.

심산을 흘러내린 유곡의 옥수가 흐르는 듯 머문 듯 물속에 구름이 선명하다. 지금도 너무 맑아 울고 싶도록 시린데 만약 저기 가을이 내리면 생각해 본다. 만산홍엽이 토해 낸 선홍의 단풍 물이 오색구름을 태워 흐를 것이고, 만에 하나라도 잡사에 물든 잡귀들이나 영욕에 물든 인간들이 몰려와 발을 담그고 북치고 장구 칠까 걱정이다.

무릉도원 불영계곡을 무아 무심으로 돌아 나간다. 때로는 차를 세우고 별곡을 본다.

불영계곡의 중간 지점에 신라 진성여왕 15년에 창

건했다는 고찰 불영사 주차장에 차를 세우고 산채 비빔밥으로 늦은 아침을 먹고 경내를 한 바퀴 돌아 나와 얼마간 가다 보니 어느새 불영은 멀어지고 왕피골 가는 갈래 길에 들어선다.

어느 왕의 피난처였는지는 지금도 알 길 없다. 돌아 나오는 길이 100 여리는 되는 산세가 험준하여 아무도 찾지 않던 이곳도 매스컴을 탄 이후 세인의 발길이 잦아, 산바람에 어우러지는 새 소리와 기암의 벽을 타고 내리는 청수만으로도 먹고 살던 토착민들이 접근을 금지 시키려 했던 곳이다.

옛날 내가 찾았을 때는 영락없는 걸인 꼴이라도 소리소문없이 숨어든 귀한 손이라고 바위틈 사이 피라미를 잡아 얼큰한 매운탕을 끓여주던 정을 생각 하면 세월 흐름이 야속하다.

더욱이, 소달구지나 지게꾼이 간신히 다녔던 꼬불길이 포장되고 확장되어 휑하니 나 있다. 곳곳에 취사행위 금지라는 팻말을 보니 이미 이곳도 태고의 잠에서 깨어, 못난 인간들의 아귀에 항복한 것이다. 띄엄띄엄 폐가가 옛날을 품고 주검으로 널브러져 있다.

산 깊이에 몇 가구가 있다고 했다. 혹 그날의 흔적

이나 있으려나 둘러보는데 산을 깎은 언덕배기에 난데없는 거대한 콘크리트 건물이 앞을 막는다. 00 청소년 수련장이다.

수련장으로선 이보다 더한 곳도 없을 것이지만 허가 관청이 야속하다. 자연의 보복이 두렵다. 돌아가는 이 길로 나는 다시는 오지 않을 것이다.

곧장 이어지는 길 봉화 봉성 현동이 이어진 죽령의 잿길로 들어섰다. 비와 구름 위에서 신선과 술한잔하고 간다는 죽령은 서충청 단양과 경북 영주의 경계에 위치하여 해발 689m로 예부터 운산 구곡의 험난한 산재다. 이랴 어서 가자.

한양으로 오가는 한량들이 해 저물라 달리는 말발굽 소리도, 동동주와 고추 전으로 한량의 발길을 부여잡던 아낙의 모습도 짐작뿐, 세월 따라가고 없다. 현대판 토속 점들이 곳곳에 자리하여, 죽령을 넘나드는 여행객들을 웃음으로 반긴다.

만고의 근심을 풀어도 좋고, 늙어 서러운 자의 한까지 풀어도 좋은 죽령의 운곡을 한 재 한 재 넘다 쉬고, 골골을 돌고 돌다 보니 신선도 아낙도 죽령도 가고, 산 그늘 아래 양반 골 안동 땅에 내려선다.

집에 도착해 트렁크를 여니, 강원도 찰옥수수 산복숭 불영과 죽령의 산 도라지와 더덕, 임원 항에서 싼 황태포와 얼음 채운 한치 산사에서 스님이 주신 각종 약주가 여정의 하룻밤 몫으로 가득하다.

제3부

# 삶의 흔적

# 난롯불. 17

농협마당 한쪽에
붕어빵 굽는 두 부부
손수레 눈 속에 두고
사무실 문을 밀고 들어선다
雪寒(설한)의 맨 볼이 터질 듯 붉다
"어? 아무도 없네"
그럼 난 누구인가 농담 한마디에
눈처럼 웃는다
순수입 3만 원 흔들어 보이고
붕어빵 몇 개 난로에 올려놓고
꾸벅하고 간다
지금쯤
하얀 눈길을 가고 있을 그들이
사무실 난롯불보다 더 따뜻하다
내일은 내가 난로불이 되어
매상 한 번 올려줘야겠다
한 개 더 달라고 때도 써보고

# 가을 앞에 서다

화덕 속 열기가
여름 내내
진녹색 이파리를 힘겹게 데우더니
어느새 찬바람이 달려와
하늘을 높이 밀어 올리고
바람이 넓혀준 터에
가을을 데려다 놓는다

겨울을 건너
봄을 살찌우고
가뭄의 고통과 궂은 날
폭풍의 시련을 견딘 초목들도
신바람 불러 타고
먼 빛 그리움을 불러낸다

내 살아온 날에
이렇게 좋은 날에

# 혼돈

나는 비겁했다
詩를 쓰면서 더 비겁해 졌다
나라는 존재가 사라졌다
언젠가는 詩의 집단에서 몰매를 맞을 것이다
선배 시인이 선정하여 보내준 천여 편의 詩를
읽어가면서 느끼는 내 감정이다
1/3쯤 읽었을 즈음
그동안 쓴 내 詩들이 슬금슬금 달아나기 시작했다
나는 방조했다
누구나 완벽한 논리는 말하지 못한다
그러나 자신만의 논리는
진정성의 바탕 위에서 분명해야 한다
억지 궤변에서 진정함을 강요한 내가 시인이었단 말인가
사상(思想)을 논하고 철학(哲學)을 논하고
말끝마다 꼬투리를 잡고 늘어지던 오래전 선배 시인이
지하에서 내가 오기를 벼루고 있을 것이다
독기(毒氣)로

# 가을 햇살

서(西) 어로 가는 햇살이
단풍나무에 눌러앉아
갈 길을 잃은 듯한 모습에서
여유로운 이별을 본다

어둠이 내리면 홀로될 것에
긴 여정의 무게를 거두어 놓고
자연은 그래야 한다는
거룩한 의식을 치르고

소리 없는 빛의 바다
남은 잎사귀를 보듬고
외로움 가득한 수액의 통로에
마지막 기도를 하는
자애로운 모성이 넘친다

# 첫 시집

내 분신 침묵할 것이다
내 영혼 분노할 것이다
누군가와 연이 되면
통곡을 바랄 것이다

'바람과 구름이 머문 흔적'
그 답을 쓰지 못했다

어느 서점 구석에서
한 푼 지폐도 대면 못하고
폐지로 사라질 것인지

연민 한 덤 내려놓는다

# 삼계탕

아내는 며칠째 병원에 있다
식사가 건너뛴다

식당에 들어 삼계탕을 주문했다
보글보글 끓고 있는 탕 안에
발가벗은 女鷄 목하 찜질 중이다

허기가 덜컥 목젖을 잡아당긴다
에라, 모르겠다
인삼주 한잔 곁들여 처치해 버렸다

아랫도리가 가볍다
병실 문을 들어선다
8인실 병동의 여인들에게
내가 먹히고 말았다

# 이름 지우기

가끔은 모르고 너를 검색 하겠지
네가 이 세상에 없다는 걸
그제야 알 테지만
어제 낮에 잠깐 안부통화가 이별 일 줄
마음고생 많이 했지

언제나 말이 없었지만 난 다 알아
아내 보내고 아이들 객지로 다 보내고
낙동강 언덕배기 설렁한 기와집
문을 나서면 출렁거리는 강물을 보며
무척 외로워했음을

잘 가게
다시 머물게 될 세상에서는
미련탱이 짓 하지 말고
건강검진 자주 받아야 하네
마지막 말 한마디 못한
몸부림쳤을 너의 아침

향불 하나 피워놓고 왔다
원통해서 술 취해 돌아섰다
생전의 우리 동병상련이던가
비틀거리지 말고 아내 곁으로 곧장 가게
지금 어디쯤인가
뒤돌아보지 말게

검색창에 이름 지운다 너 정호교
이세의 흔적까지

# 소망. 2

청운을 쫓다 놓쳐 버린 것도
다시 일어서다 주저앉은 것도
다 꿈이라 하는 거야

사랑 하고 그리워하고
맺지 못해 아파한 것도
다 소용없다는 거야

어떻게 살까 연민
보고파 어쩌지 통곡도
다 거짓이야

딱 한 번 더 불을 지펴라
한 줌의 잿불로 남은 흔적이
마지막 욕망 아닌가

# 술 한 잔

한 잔에
또 한 잔에
또, 또한 잔에
허공을 날다가
추락했다가

한 잔에
딱 한 잔 더 에
짐승이 되었다가
마지막 한 잔에
詩를 쓰다가
소설을 쓰다가
울부짖다가

딱 한 잔
미쳐 돌아가는 세상이라고
잘난 놈만 잘사는 세상이라고
요지경이라고
개판이라고
핏대 앞세우고 간 친구
연락 두절


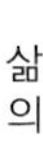

# 에비타

목을 빼어 하늘을 끌어당겼다
일그러진 달이 차갑게 달려왔다
낭자한 밤벌레소리도 따라왔다
방안 가득하다 창을 닫는다
달도 벌레울음도 가득하여
한계의 절정을 누가 찢고 달아날지
시험대에 오른 몰모트가 되었다
누군가 나를 끌어내지 않으면
나는 결코 탈출 되지 않는다

아침이면 가난한 시인이 되고
비겁한 노동자가 되는 것이 싫다
살아남기란 육신의 것만이 아니다
침묵의 산, 죽음의 강, 세상의 아우성
어느 것 하나 제정신이 아니다

아르헨티나여 나를 위해 울지 마라
문득 영욕의 한 세상을 살다간
아르헨 에바의 일생을 추적한다
조국은 영구히 그를 기억한다

만 리 길인들
이 밤 에비타의 무덤으로 가서
제 몸으로 붉게 타는
가을밤 한 자락 찢어 깔고
나의 조국을 불사르고 싶다
오랜 세월
아르헨을 기억하게 하리라

소외당하고 약자였던 그날을 잊지 않았던
사생아출신 그러나 아르헨티나의 퍼스트레이디로
등극한 Eva Duarte(에바 두마르뜨) 애칭 에비타

# 당당해 져라

누가 저 추악한 야심 앞에
당당해지랴
동해에 솟은 대한의 맥
동도와 서도 독도의 슬픔이여

백의白衣의 얼 천 년을 품고
만년을 이어가도 자유의 유영인
바닷새의 둥지에
비바람 몰아칠 저 두려움이여

잘린 분단의 고통마저 망각한
위정자들의 몫이라 두고 보기엔
너무도 망연茫然 함이다

일어나라
금수강산 조국 대한의 이름으로
올림픽 4강 신화의 붉은 물결로
독도로 가라 당당 해저라

# 귀신

머리 허연 놈이 눈에 백태가 덮였는지
날 보고 어르신 여기 앉으소 한다
통성명도 하지 않았는데
자기보다 내가 나이 많은 줄 어찌 알까

버스에서 내려 두어 발 걸었을까
삐죽 튀어 오른 보도블록에
발목이 삐끗 그만 주저앉아버렸다
그놈이 또 언제 따라붙었는지

그가 내 한쪽 다리가 되어
병원까지 가는 동안 꼭 물어봐야 했었는데
가고 없었다 도대체 그 인간 몇 살이었을까
대명천지에 귀신도 다니나 보다
세상이 하도 흉흉하니 그럴 수도 있겠다

도우미 귀신일까
그렇다면 착하게 살고 볼 일이다
세상사 맛이 이런 것일지도 모르겠다

# 천둥 번개

칠흑의 밤에 빗줄기
번쩍 섬광이 내리꽂혀
하늘이 밝아지고
으르렁거리며 성나 있다

心中, 어디다 두었길래
혼비백산 비명인가
무슨 한 그리도 많길래
이리도 모질게 내리치는가

억겁 윤회의 세상 이치
천기누설의 형벌로
무너진 그대의 흔적 위에
참회의 꽃 하나 피워라

# 古書

창살 없는 형벌 장에서
무기수로
서로의 고독을 밀착하고 있다
한 세월 쥐락펴락 했을
명제들의 억울함이다

어느 날 죄목이 드러나
먼지떨이 앞에 하얗게 질렸다가
관등성명과 수인번호만 체크
다시 영광의 그날을 기약하는
기다림의 여유

빨갛게 밑줄 그어진 외침들
퍼렇게 멍든 분노들이
언제까지 그렇게 있을지
사랑, 진실, 정의는 무죄다
결코 사장(死藏)되지 않으리라

# 그놈 이야기. 1부

2년여 만에 갯바위에 서다. 1박 2일 일정이지만 오가는 시간을 빼면 낚시하는 시간은 그리 많지 않다. 남해 해금강 쪽 다대항에서 배로 조금만 나가면 되는, 익히 알고 있는 형제섬 주변인데 이맘때쯤이면 근거리 감성돔 포인트로 주목받는 곳이기도 하고, 운이 좋아 좋은 포인트만 차지할 수 있다면 예상외의 마릿수 조과도 올릴 수 있는 곳이다.

일행 3명이 김해에서 새벽 5시에 출발, 다대의 거성낚시 공 선장 집에 도착하니 8시, 아침 밥과 점심 도시락 준비를 전화로 연락한 터라 김치찌개로 아침밥을 먹고, 도시락, 밑밥, 미끼 챙겨 바다에 서니 9시. 새벽같이 나가야 좋은 포인트를 잡을 수 있는데 아쉬움이다.

그러나 하루 두 번 초들물 때와 썰물 때의 물돌이 시 운 좋으면 대상어인 감성돔 얼굴을 볼 수 있을 거라는 희망의 여지는 남아 있다.

이미 곳 부리 돌출지역과 중요 포인트에는 꾼들이 선점해 마땅한 데가 없고, 물은 만수위 곧 물돌이가 시작되는 때였다. 그때 공 선장은 마이크로 하선 준비를 명한다.

"저기다"

만수위 위롤 뾰족이 솟은 바다 가운데 여 등으로 선수를 돌려 우리를 하선케 한다.

여의 너비는 고작 서너 평 남짓, 물이 발뒤꿈치까지 넘쳐나는, 멀리서 보면 물 위에 사람이 떠 있다고 생각되는 특급 포인트이고, 이런 곳을 과장하면 일행 중 누군가 간밤에 용 꿈꾼 덕이라 한다.

파도가 세어서도 안 되지만 조금 물때도 안 되는 곳이기 때문이다.

물론 서해의 군산이나 태안 앞바다 등에서 행해지는 여치기 낚시를 생각할 수 있으나, 간만의 차가 심하지 않은 동, 남부 해에서는 특별한 경우가 아니면 행해지지 않는다.

우린 파도에 밀려 물이 차오르면 한 발을 들어 피하고 여 등을 넘어 밀려나면 두 발을 딛고 채비를 꾸렸고 밑밥 풍성히 풀고 낚시를 시작했다.

망망대해에 한 점 내가 되고 물골로 흘러가는 찌를

따라가다 보면 세속 만사에 해탈된 신선인들 이보다 더 평감일 수 있을까. 사는 게 아프다고 눈물의 술잔에 절여 있을 친구, 오늘 내가 지닌 한없는 이 자유와 자연에 동화된 여인의 하얀 속살 같은 이 행복을 조금이라도 나눌 수만 있다면 얼마나 좋을까를 생각하게 한다. 물론 나보다 못함도 없겠지만 그렇다고 땅땅거리며 사는 이 몇이나 되는가. 다들 고만고만한 속내들, 억 만년의 풍우를 말없이 품어온 여기 천 년여 등에 그들과 함께하고 싶지만 꿈일 뿐이다.

찰나였다. 등 뒤 동료 꾼의 낚싯대가 물속에 처박혀 춤을 추고 있다. 직감으로 대물이다.

줄을 풀어라 대를 세울라, 다년의 노하우나 노련함도 이미 한계에 있음이 예감된다. 이미 기선 제압에 실패했기 때문이고 줄을 풀지 못하는 어리석음은, 내 손안에 들어온 그 어느 것도 움켜잡을 줄 만 알았지 조금씩 놓아주고 버릴 줄 아는 배려의 세상을 살지 않은 탓이리라. 마지막 발악, 놈이 세상 밖으로 한번은 치고 튕겨 오르는 때의 반전 찬스에 실 낫 같은 희망을 걸어 보지만 손아귀에 힘만 들어간다.

"아이코"

뜰채를 들고 우왕좌왕하는 속 타는 마음들을 묶어

둔 체 놈은 1.5호 목줄 두어 발을 물고 유유히 사라졌다. 허탈감 못지않은 떨림의 손맛에 위안은 하겠지만, 놈의 얼굴이라도 보았으면 하는 아쉬움이다.

1호대에 원줄 2호 목줄 1.5호로는 약한 것 같아 원줄 2.5호에 목줄 1,75호로 채비를 모두 다 바꾸었다. 아무도 말이 없다. 모두는 긴장했고 들어온 놈들이 한바탕 치른 전장의 공포에 혼비백산 달아날까 봐 발소리 숨소리마저 죽이고 밑밥을 다시 풀기 시작한다.

"어어 엇" 내 것이다. 낚싯대가 허공에 포물선을 그린다. 쿡쿡 박혀 들어간다. 활대처럼 휘어진 초릿대는 수면을 오르락내리락 춤질을 하고, 풀고 감고 하는 릴링의 반복으로 놈과 근사하게 한판 붙은 것이다. 서둘지 말라는 선배 조사들의 가르침을 떠올린다. 마음은 이미 콩밭에 가 있지만 그래도 침착으로 아무렇지도 않은 듯 시작된 줄다리기의 스릴, 어떤 놈일까? 기대 속에 놓치느냐 잡느냐, 물속 놈의 절박한 심정과는 아무런 관계도 없이 쾌감의 여유를 만끽한다.

잠긴 찌가 수면으로 부상하고 다시 사라지고 몇 번의 실랑이 끝에 놈은 그제야 항복의 신호를 보낸다. 억울한 모양이 영역 하다.

왕방울만 한눈을 부릅뜬 체 희멀건 뱃살 한쪽을 한낮의 햇살 위에 퍼덕여 준다.

일행 한 명이 뜰채를 들이민다. 순간, 놈들 특유의 마지막 반항 죽기 아니면 살기 아니던가. 또 한 번 치고 들어간다. 픽. 짧은 단절 음이 한쪽의 패배를 알린다. 여 등을 넘나들던 바다의 소리, 놈의 세상이 일상으로 가라 한다. 일행도 웃고 나도 웃고 건너편 갯바위 꾼들도 웃고 있다. 놈도 잠시 숨 고르고 희희낙락 깊은 심해로 가고 있을 것이다.

어느 사형수가 형장의 계단을 오르다가 발을 헛디뎌 넘어질 뻔했는데 그때 아이고 죽을 뻔했다 하는 우스갯말이 떠오른다. 그놈도 잠시 힘에 밀려 은빛 찬란한 바다 황제의 위용을 잠시나마 구겨진 상태로 세속 험난한 꾼 몇 놈에게 보여주는 창피를 당했지만, 참말로 죽을 뻔했다 할 것이다. 내 목덜미에 칼을 꽂아 심장의 피를 빼고 창백한 살점을 도려내어 붉은 초고추장에 찍혀 더럽고 치사한 꾼의 입속에 오래오래 단물이 나올 때까지 씹힐 뻔했다 할 것이다. 꾼들의 거짓말은 이미 세상에 알려 있다. 열 사람을 거치면 열 배로 부풀려진다.

그러나 가버린 놈은 5자도 넘는 듯했다. 믿거나 말거나 이지만 ---.365일 내내 출조하는 전문 꾼이 아닌 아직도 아마추어인 우리로선 5자 이상의 놈을 만난다는 것은 낚시 일생의 행운이며 그자랑은 일생을

간다. 그러고 보니 낚시경력 햇수로 보면 20여 년, 초보시절 멋모르고 나간 바다. 서해안의 갯바위, 제주 추자 거문도 횡간도 백도 등 실로 가보지 않은 곳이 없었는데 5자 이상의 놈을 만나지 못했음을 이제야 고백한다. 때로는 충무 포항 삼천포 어시장 등에서 볼락이나 감성돔을 사서 쿨러에 담아 오면 기다리던 친구들은 부러워했다.

딱 한 번 횡간도 4박 5일 동안에 잡은 왕 볼락과 감성돔을 쿨러에 담을 수 없어 상자에 담아 제주에서 비행기로 우송한 적은 있다. 그리고 죽을 고비도 몇 번 넘었다. 나는 오늘 마지막이 될지도 모를 낚시 여정에 최고의 영광을 최후에 보내게 되는지 모른다.

언제나 최고라는 것만 쫓아다니다 끝내 최후에 통곡했던 내 인생과 어쩌면 이리도 비슷할까. 아쉽고 분하다.

# 그가 시집가던 날

40여 년 전
네가 떠나던 날
뒷산 밤나무가지에 줄 하나 매었다
그때 들었다
어머니의 비명을
이별은 늘 그렇다고
그때 들었다
누이의 간절함
언젠가 만나진다고
그러나 결국 나는
내 유년의 아련한 산 모랑일 돌아온
기차를 타고 말았다
10년 20년
지금도 널 간혹 기다리고 있지만
이제야 알게 되었다
이별은 늘 그런 것이어야 하고
세월이 지우개라는 것을
황혼이 된 지금에야

# 그놈 이야기. 2부

## 1. 진정한 꾼

진정한 꾼은 놈들의 물속 은닉처를 투시의 상상력과 오랜 인고의 기다림에서 터득한 경험으로 수심 지형까지 탐색하고, 노련한 태크닉으로 미끼 하나를 덥석 물게 하는 묘의 수를 구사할 줄 안다.

끌려나오지 않으려는 놈의 반항에서 여유로움과 짜릿한 전율의 손맛을 느끼고 마지막 승부의 게임을 지켜보는 군중을 위해 온 힘을 다하는 아름다움을 선사한다. 반항을 포기하여 항복한 놈의 생살여탈을 잠시 고민하지만 거만하지 않은 덕을 지녀 다시 그들의 세상으로 돌아가게 한다. 이것이 진정한 꾼이라면 해야 할 예이고 응당 그러하다.

그러나 가끔은, 작고 허름한 포구의 가난한 선술집에서 잡어 몇 점을 발라놓고 주모의 정이 버무려진 새콤달콤한 초고추장에 취해 연고도 없는 밤 배의 고동 소리에 괜한 마음을 두고 연정 같은 추억 쌓기를 그리워하기도 하며, 떠날 때는 반드시 다시 오마 약조하는 순정파가 되기도 한다.

그래서 언제나 포구의 붉고 푸른 선술집은 옛 꾼을 기다리는 희망으로 남아 있게 하는 정이라는 아름다운 여백을 남긴다.

## 2 갯바위 쟁탈전

새벽 2시, 널브러진 어제의 고단함을 부추겨 세운다. 이미 물의 밥을 다한 주모가 일어나라 두어 번 알리고 갔다. 도대체 저 여인네는 잠이나 잣을까. 선잠결에 생각이다.

선착장으로 나 있는 콘크리트 바닥 길에 4월의 이른 새벽 냉기가 어려 으스스하다. 이미 선착장에는 삼삼오오 짝을 이룬 용병들이 임전 태세에 달구어져 있고 함정의 뱃전에서 출항 명령만 기다리는 설레임이 출렁인다.

함장은 승선 명부를 해경 파출소에 신고, 출항을 명받고 밤새 묶인 분신의 목줄을 푼다.

3시 정각, 단골 용병을 실은 크고 작은 함정들은 서서히 좁은 포구를 빠져나간다. 3시 이전에는 안전상 출항이 금지되어 있다고 하지만 그것과는 무관한 것 같다.

배질로 먹고사는 삶의 터전에 대한 최소한의 보호

이기도 하지만 갯바위 쟁탈전으로 인한 피곤한 싸움질을 그들 스스로 자초할 이유가 없다는 무언의 밀약일 것이다.

포구를 벗어난 함정들은 일제히 기관의 출력을 가속하여 최대 항속으로 한 바다를 치고 나간다. 그제야 별이 내려 흑진주 같은 밤바다는 벌떡 일어나고 포말에 휘감긴 잔별들은 다시 하늘로 튀어 오른다. 갯바위 쟁탈전을 알리는 신호탄이기도 하다.

꾼의 마음들은 한결같음이다.

오늘 이 새벽의 바다를 달려나가고 있는 것은 그놈을 꼭 만나려 함인데, 그러기 위해선 놈들의 은둔처가 발아래 보이는 근접의 갯바위를 선점해야 하고 그 중에서도 유효 사정거리가 확보된 물밑 여들이 산재한 1급 포인트에 하선해야 한다.

그러나 이 모든 희망은 자의로 이루어지는 것이 아니다.

인근 충무 고성 남해와 가까운 항 포구에서 한꺼번에 밀려든 크고 작은 함정들을 따돌리고 단골 용장들을 유리한 고지에 매복하려는 함장의 사명 의식과 투혼, 전함의 빠르기에 달린 것이기 때문이다.

모든 함정의 선미 후미에 집결된 용병들은 침묵하고 언제라도 하선명령에 뛰어내릴 태세로 고지에 접근하지만 함장이 쏘아 올린 강력한 서치라이트 불빛

속에는 번번이 용병이 매복 되어 있고 돌고 돌아 행여나 치고 들면 밤을 샌 비박 꾼의 취사도구가 접근을 막는다.

우린 다행히 발판도 넉넉한 고지를 점령, 하선할 수 있었다. 함정의 함장은 수심과 몇 미터 앞에 라는 안내의 친절함과 V자를 그려주고 가버린다. 아직도 한 고지를 탈환치 못한 패선은 패잔병들과 함께 캄캄한 바다 위를 허탈하게 배회하다 가물가물 사라진다. 저항 없는 침묵의 점령전은 2-30 여분 만에 모두의 승자로 끝나지만 바다의 성난 울음이 없는 한 영원불멸로 오래오래 존재할 것이다.

### 3 놈이 오는 여명

여명의 황홀함 속으로 놈은 반드시 나타난다. 두어 시간을 기다려야 한다. 놈들은 밤새 허기진 배를 움켜쥐고 여명이 주는 이른 새벽의 식단을 찾아 헤맬 것이고, 그러다 내가 내린 아침의 성찬에 환호할 것이다. 이미 건너편 이쪽저쪽 꾼들은 붉고 푸른 케미라이트 찌들을 어둠에 흘리고 있다.

소용없는 짓이겠지만 어떻게 내린 포인트인가. 그리고 그 마음이 내 마음이다. 지금은 놈을 잡기 위함이 아니다. 망망대해 밤의 심해를 바라보는 한없는 자유에 머물고 싶음이리라.

갯바위에 내려 덮인 냉기가 아직도 단잠에 들어 있을 아내의 품속을 그립게 한다. 여명이다. 선명한 띠의 수평선에 이어진 구름 사이로 피어오르는 빛살의 황홀 함이다. 찬란한 색의 조화가 하늘 위로 펴지고 바다는 일렁이기 시작한다. 한 점 가식 없는 순수함이 하루를 여는 무대의 자막이다. 불쑥 튀어 오른 거대한 불덩이가 젖은 물기를 털어낸다. 누가 이 아름다운 여명의 아침을 보는가. 누군가와 함께하지 못하는 연민 같은 여명을---.

찰나의 순간 속으로 사라지는 단명의 생이지만 그 잔영은 아쉬워하는 자의 마음속에 긴 여운으로 남게 하고 내일 또다시 오리라는 순리를 잊지 말라 한다. 이제 놈을 찾아야 한다. 다급하다.

발아래 어딘가에서 여명과 함께 찾아든 자유의 유영을 낚아야 한다. 그리고 그 자유의 유영을 끌어안고 추하게 살아가는 세상 사람들 앞에 내려놓고, 꾼의 智와 德 겸손의 아름다움을 보여줘야 한다. 이것이 진정한 꾼의 자세다.

앗.

놈이 왔다. 내 성찬의 식단을 물고 늘어졌다. 여명이 지나간 바다기 흔들리고 있다. 갯바위가 이리저리 기운다. 그리고 놈은 한참 후 그 여명의 빗살을 감고 발아래 튕겨 올라 승자의 가슴에 안겨 파닥거린다. 분노한 놈의 등줄 은빛 지느러미가 밝은 세상의 빛으로 부르르 떨고 있다.

놈이 가엽다. 그러나 나는 행복하다. 쿨러에 행복 하나만 담아 두고 그놈과 이별한다.

제4부

# 박 샷자

# 고스톱 인생

대박 한 번 터뜨리겠다
피박에 광박에 멍박까지
재수 더럽게 없던 날
죽은 아버지 화상이
쌍심지 불 켜고 달려들면서
내 뭐라 카드 노

밥이 나오냐 죽이 나오냐
태산 비탈에 얼어 죽은 삭정이 한 짐 지고
이게 밥인가 죽인가 생각하다가
서울로 도망가던 날
죽은 어매 화상이
찢어 죽일 듯이 달려들면서
니 아버지 뭐라 카드 노

시를 쓰다가
밥이 나오냐 죽이 나오냐
대박 꿈에 취해
오늘은 기어코 대박이겠지
작심하고 덤벼드는데
고도리 오광 삼삼일패
여전히 꿈이더라.

# 어느 국도의 고갯길

새벽 출근 차량들을 매달고
버겁게 오르는 25톤 덤프 한 대
익숙해진 것도 때로는 부아가 치밀어
빵빵
그런다고 새벽길 가로지를 수는 없다

몸이 단 것은 기사다
한탕 더 해야 하는 생존의 절박함이
한계를 넘어 미치고 있다
산 넘어 산 포크레인 한대
앞질러 가라고 앞질러 가라고

이내 뺑긋 뺑긋 비상등불 켜고
번쩍번쩍 내리막길 냅다 달리는
가벼움
고갯길 내리막길 저 눈물의 질주

# 개똥과 꽃

내 눈엔 모든 게 개똥으로 보이는데
당신만은 꽃으로 보이네요
똥과 꽃의 비교라 미안하오만
세상천지가 개똥인 것을 어쩌진 못하지요
그러나
당신 하나라도 꽃이 되어 내 눈에 들어오니
개똥 같은 세상에 살더라도
무엇을 더 바라리오

# 석류

터질듯한 울음
때 되면
그대의 웃음을 보리라
절정을 보리라
완숙의 아름다움을 보리라
한없는 그리움 내뱉는
붉은 입술
그대

# 귀뚜라미

지금
당신이 어디 서 있는가를 묻고 있다
달빛 창가에서 듣는
애절한 노래로만 들리느냐 묻고 있다

촉촉이 젖어 짓는 한 편의 詩로
저 물음에 명쾌한 답을 쓰고 싶다
마음 놓으면 들리는 저 물음

세상 인연과는 아무런 관계없는
자유

# 유등

의암을 스치는 남강 물은
옛과 다름이 없는데
양귀비꽃보다 더 고운
임의 입술은
아직도 저 물밑 어딘가에
깊은 잠이 들어 있고

천 년 흐름도 잠시 멎은
강물 위
서장대에 올라 아래를 보니
유등의 불 하나하나가
임의 흔적
낙화의 눈물이다

아, 그날 슬픈 유희
언제쯤 저 눈물 꽃이 뭍으로 올라
한 어린 의암을 끌어안고
촉석루 대들보에 환생의 임이 되어
축제의 유등으로 거듭날까

2012년 10월 8일 진주 남강 유등 축제에서

# 초분(草墳)

퍼렇게 달려온 파도가
뭍을 끌어내리고
까마득한 절벽을 만들고
벼랑이 길을 끊었다

죽어도 다시 뭍으로
돌려보내지 않는다는
섬사람들의 한
효에 기인한 순장이다

육탈의 세월을 보내고
뼈를 추슬러
한 뼘 부토에 묻는
초분

이제 절벽이 절경이 된
그 아래서
세인의 발길을 잡는
짙은 향의 고고한 풍란이다

12년 11월 17일 1박 2일 선유도 문학 기행에서

# 선유도

컹컹 짖어 대는 쓰레기
여기 밀려들면
신선을 만날 수 있을까

하염없이 흐르다가
다시 돌아온 저 파도의 귀향
명사십리 모래밭이 하얗다

오늘 밤 마음껏
선유도를 품으려면
저처럼
하얗게 다 벗어라

12년 11월 17일
1박 2일 선유도 문학 기행에서

# 분노

자폐증이
기어이 나선다
길든 익숙함인데
놈들 짓거리
그게 아닌데 그게 아닌데
욱 토사곽란
비릿한 핏물 울대 타고
똥구멍에 잡것 쓰레기
애국지사 하나하나
돌아서서 크크 웃는다
에이, 썩을 놈들
국민 이름 팔지 마라
시퍼런 도끼날 자폐증이
돌아가고
죽일 놈들
또 구석구석 비밀 협상

# 밥솥

아내 부재
목구멍 포도청이라
야들야들 아내 생각
씻고, 씻고
꽉 다문 쿡쿡 아가리 열고
손등 찰랑찰랑하여
스위치 눌렀다
칙칙폭폭 신 나게 달리더니
안내 방송
취사완료, 취사완료
치-- 종착지입니다
철커덕 시그널 꼭지가 드러눕더라
아내 생각 나더라

# 타이밍

하도 예쁘길래
통 사정을 했다
안된다고 딱 자른다
퇴근길 남자가 누구냐 물었다
아, 장미꽃 한 송이 꺾자고 해서
운 좋은 날이다
세상살이 다 타이밍이지
또 다리 분질러 질 뻔했다

# 똥개 나라 이야기

4-5년 잘 먹고 잘살다가
때만 되면
내가 왜 똥개 나라 걱정하는지 모르겠다
내일 밥숟가락 놓을지 오늘 저녁일지 모르는데
그래서 나 내일까지는 살 거라 보고
한 가지 얘기는 하고 가야겠다
똥개 나라의 무슨 무슨 인준이란 것이
눈도 없고 귀도 없고 초근목피로 살아온
우리 할배의, 할배의 할배, 손자 가문의
손자 하나 데리고 오면 인준동의 될까
구린내 진동하는 똥개 나라 대신들이
구린내 인이 배여 구린내만 보이니
신선을 모셔온들 될 리 없겠다
말깨나 하는 놈
산인들 바다인들 황무지인들 위장전입
그 나물에 그 밥
털어 먼지 안 나면 그게 인간인가
똥개 나라 여왕이 시집 안 간 이유 알겠다

# 새벽닭 웃음

개가 웃는다
소도 웃고 심지어 고양이도 잘 보면 웃는다
그런데 닭 웃는 거 봤나
미친년 속옷 가랑이 사이 요상한 핏덩이처럼
세상이 요상하여
새벽녘 들어봐라
그게 우는 게 아니다
웃는 것이다 기가 막혀
꼬끼희 화다닥닥

# 봄 그 봄

제 몸 팽팽하게 얼어
쩡쩡 울어버린 유빙
그런 줄도 모르고 파도는
겨우 내내 철없이 출렁거렸다

어느 날부터 가장자리에
미세한 틈이 나고
뭍과의 이별을 예감
그제야
봄이 온다는 것을

현관 오르는 계단에 버려진
지난봄 철쭉의 분盆
간기 파도인들 그리워했을
그 한 뼘 깊이에 잠들어 있던 봄

봄 그 봄
지금 유빙처럼 떠도는 역사에도
간절한 봄은 있을까
누군가 또 막아서면
조금 더딜 뿐인

# 씨발 나라. 1

북쪽 놈 핵 개발하고
남쪽 놈 분탕 짓거리
씨발씨발
엄동설한 전방초소 장병
춥고 외로워 봐라
욕 안 나오나

죽기 살기로 살다가
집구석이라고
마누라 본체만체
TV에 희희낙락
씨발씨발 욕 나온다

보소! 보소
배가 등가죽과 사돈 되겠소
밥 한술 주시오
조금 있으면 끝나요
씨발씨발 욕 안 나오겠나

씨발이 익숙해진 나라에
학생도 젊은 놈도 늙은 놈도
북쪽이고 남쪽이고
톱텐 1위 씨발 노래 합창이다

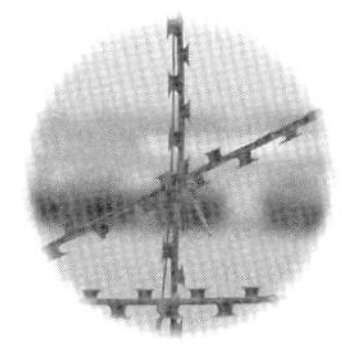

# 씨발 나라. 2

돼지국밥 한 그릇 6천 원
소주 한 병 3천 원

詩集, 100편 124p에
편당 8십 원, 권 8천 원

편지를, 소설을 쓴다
일기를. 설명서를 쓴다
시의 부재

단돈 천 원인들 비싸지

# 갈대여

나 외롭다 했지만
개펄을 빠져나오지 못하고
바람 부는 데로 쓸려 산
너에 비할까

시베리아 먼 동토에서
온갖 새들이 너의 품으로 안기어
이국의 물 냄새 흩고 다니니
결코 너는 외로움이 아닌데

내가 서 있음의 이 땅에
더 여위어질 수 없는 사람들이
아직도 마른 뭍 그리워하여
나 또한 외롭다 하였다

어디쯤 봄은 있는가
넘실거리는 강물을 걸어 나와
백발의 너를 끌어안고
실컷 울어 볼
그 세월의 봄은

# 山寺의 여인

나, 산사에 들고
풍경에 마음 매달아
바람 지나감을 알리고 싶다
고뇌 벗으려
법당을 쓸고 있는 여인
나도 눈 내린 뜰을 쓸고 싶다
밤이면 겹겹의 산을 내려
중생의 고뇌를 거두고
새벽닭 울기 전
기우는 달빛 불러 빈 가슴 채우고 싶다
어디선가 들려오는 물소리
무심으로 따라가다
첩첩 이라 길 못 찾으면
임자 없는 뜰에 내려
날 기다릴까 산사의 여인아

# 저, 첫눈

언제였던가
함박 눈발 속으로
멀어져 아득해진 너
어두워지는데
어디쯤 가고 있을까
생각이나 했던가

잊힌듯해도
가끔은 기다린 그리움
이렇게 창 밖에 내리는데
그곳에도 내리는지
해묵은 사랑도
눈꽃으로 오는구나

눈 그치고
햇살 나면 사라질 저 허무
그 아래 행여 남아있을
그날의 발자국
눈물로 가는구나

# 삼례 가는 길

삼례 가는 길
그길 가다가 그날 같은
해는 지고 어두워지고
오도 가도 못하는
폭설을 만나고 싶다

창밖에 저토록 내리는 눈
지금 삼례에도 내릴까
둘이서 밟던 낙엽 위
우리 흔적 묻고 있을까

나 어쩌다 떠나 살지만
그 사람 생각이 간절하여
천 리 길인들 어쩌랴
달려가 돌아서지 못하고
눈꽃으로 피었다가
지워져도 좋으리
그 길 삼례에서

# 고독. 1

있을까
분명 있는데
상처처럼 있는데

백지 한 장 위에
詩를 올려놓다가
침묵해 버린

그 누구도
가져갈 수 없는
거대한 응어리

뼈가 불거져
살갗이 찢기는 고통

언제부터인지
내게 와서
떠나지 않는 그 무게
그 여운

# 고독. 2

소리친들
애원한들
무심한 흐름

시베리아로 떠난
새들의 흔적 위
내리는 진눈깨비
적막한 체념

무작정
달려가던
낙동강 겨울

# 고독.3

가을 따라 그대도 가고
깊은 겨울 속으로 들면
적막해지는 내 삶 어쩌지요

보내야 했던 시간
추억으로 끌어안고
실컷 울기라도 했으면
이토록 가슴 미어지지 않을 것인데

참으면 된다
모진 다짐 하지만
세월은 그리움으로 도리질하고
아니다 울부짖고 있어요

그대여
지금 어디에 있어요
지금 그대 어디에 있나요
세상이 무너지고 있어요

바람과 구름이 머문 순간


| | |
|---|---|
| 인쇄 | 2013년 2월 14일 |
| 초판 1쇄 발행 | 2013년 2월 20일 |
| 지은이 | 박재근 |
| 펴낸이 | 양상구 |
| 웹디자인 | 김태완 |
| 펴낸곳 | 도서출판 **채운재** |
| 주소 | 100-861 서울시 중구 충무로2가 49-8<br>(서울빌딩 202호) |
| 전화 | 02-704-3301 |
| 팩스 | 02-2268-3910 |
| 손전화 | 010-5466-3911 |
| 이메일 | ysg8527@naver.com |
| 정가 | 10,000원 |



작가와의 협의하에 인지는 생략합니다

파손및 잘못된 책은 교환해 드립니다